LÍDERES DE LA REVOLUCIÓN DE TEXAS

Unidos por una causa

Kelly Rodgers

Consultora

Julie Hyman, MS.Ed.
Coordinadora de Estudios Sociales
Birdville ISD

Créditos de publicación

Dona Herweck Rice, *Jefa de redacción*
Conni Medina, *Directora editorial*
Lee Aucoin, *Directora creativa*
Marcus McArthur, Ph.D., *Editor educativo asociado*
Neri Garcia, *Diseñador principal*
Stephanie Reid, *Editora de fotografía*
Rachelle Cracchiolo, M.S.Ed., *Editora comercial*

Créditos de imágenes:

Tapa Bridgeman Art Library & State Preservation
Board, Austin, Texas; pág.s 2–3 State Preservation
Board, Austin, Texas; pág. 4 Bridgeman Art Library;
pág. 5, 6 The Granger Collection; pág. 7 Bridgeman
Art Library; pág. 8 Texas State Library and Archives
Commission; pág. 9 (arriba) Greg Ward/Flicrk; pág.
9 (abajo) Bridgeman Art Library; pág. 10 Texas State
Library and Archives Commission; pág. 11 Declaration
of Independence of the Republic of Texas (1836), via
Google books; pág. 12 Texas State Library and Archives
Commission; pág. 13 (arriba) The Granger Collection;
pág. 13 (abajo) Bridgeman Art Library; pág. 14 Getty
Images; pág. 14–15 Corbis; pág. 16 Newscom; pág. 17
The Granger Collection; pág. 18 (izquierda) Texas State
Library and Archives Commission; pág. 19 Bridgeman
Art Library; pág. 20 Alamy; pág. 22, 23 Bridgeman
Art Library; pág. 24 State Preservation Board, Austin,
Texas; pág. 24–25 Getty Images; pág. 26, 27 Bridgeman
Art Library; pág. 28 The Texan Emigrant by Edward
Stiff (1840), dominio público; pág. 29 San Jacinto
Museum; pág. 32 Alamy; todas las demás imágenes de
Shutterstock.

Teacher Created Materials

5301 Oceanus Drive
Huntington Beach, CA 92649-1030
http://www.tcmpub.com

ISBN 978-1-4333-7214-8

© 2013 Teacher Created Materials, Inc.

Tabla de contenido

En Texas 4–5

Líderes legendarios 6–7

Escritores revolucionarios 8–11

Los defensores de El Álamo............................12–17

Las mujeres de la revolución 18–21

Eligiendo bando...22–25

Soldado profesional 26–27

"¡Recuerden El Álamo!" 28–29

Glosario.. 30

Índice.. 31

¡Es tu turno!.. 32

En Texas

A los principios del siglo XIX México invitó a los estadounidenses a establecerse en Texas. En ese entonces Texas era parte de México. Se llamaba *Tejas* en español. México esperaba que los colonos hicieran el norte de México más próspero. Y esperaba que los colonos lo mantuvieran a salvo de los ataques de los indígenas americanos.

Porque la vida era dura en Estados Unidos, muchos estadounidenses se mudaron a Texas. Algunos llevaron a sus esclavos consigo. Muchos colonos nacidos en México se mudaron también a Texas. Pero hacia 1830 la mayoría de la gente que vivía en Texas había llegado de Estados Unidos.

Los líderes mexicanos aprobaron leyes que hicieron ilegal que los estadounidenses se mudaran a Texas. Les preocupaba que hubiera demasiados estadounidenses en Texas. México aprobó otra ley que obligaba a los estadounidenses a pagar más impuestos y a renunciar a sus esclavos.

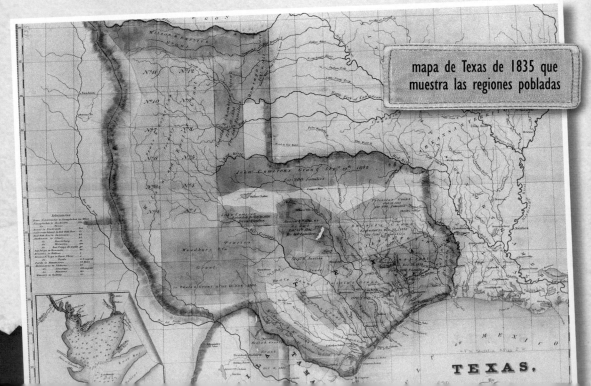

mapa de Texas de 1835 que muestra las regiones pobladas

la batalla de El Álamo durante la Revolución de Texas

¿Qué es una revolución?

La palabra *revolución* significa que ha tenido lugar un gran cambio. Algunas revoluciones implican guerra. La Revolución estadounidense fue una época en que las personas que vivían en Estados Unidos lucharon para liberarse de Gran Bretaña. Los estadounidenses formaron su propio gobierno. En la Revolución de Texas participaron los colonos de Texas que luchaban por independizarse de México.

Las revoluciones no son siempre guerras sangrientas. La Revolución industrial fue una época en la que la gente comenzó a usar máquinas para reemplazar el trabajo humano. La Revolución científica fue una época de gran cambio intelectual y de avance científico.

Los colonos de Texas se enfadaron. La gente de Texas quería ser libre de México y pensaba que Texas debería poder hacer sus propias leyes. En 1835 comenzó una **revolución**. Los *texians* lucharon por su independencia, o libertad. Hombres y mujeres desempeñaron un papel importante en la lucha. Su valentía nos cuenta la historia de la Revolución de Texas.

Líderes legendarios
Stephen F. Austin y Sam Houston

Stephen F. Austin y Sam Houston fueron los líderes de la **colonización** de Texas. También fueron los líderes de la Revolución de Texas.

En muchos sentidos, Austin y Houston tuvieron vidas similares. Ambos nacieron en Virginia en 1793. Estudiaron abogacía y sirvieron en el ejército. Asimismo, ambos tenían cargos políticos.

Austin se convirtió en **empresario**. En 1822 fundó la primera colonia estadounidense en Texas. Cuando estalló la revolución en 1835, Austin apoyó la independencia de Texas. Dirigió a las tropas en la batalla. También trabajó para conseguir el apoyo militar de Estados Unidos. Más tarde, Austin intentó hacer a Texas parte de Estados Unidos. Pero no vivió para verlo. Austin murió en 1836.

estampilla de EE. UU. en honor al centenario de la República de Texas

Houston y sus hombres cargan contra las líneas mexicanas.

Empresarios

Cuando México se independizó de España en 1821, se invitó a los estadounidenses a establecerse en Texas. México dio a los colonos, o empresarios, tierras de Texas. Los empresarios fueron los encargados de conseguir que más estadounidenses se asentaran en sus tierras de Texas.

Los primeros 300

En 1821 Moses Austin, el padre de Stephen F. Austin, obtuvo permiso del gobierno mexicano para que 300 familias se mudaran a Texas. Moses murió antes de que pudiera trasladarse a Texas. Austin decidió llevar a cabo el plan de su padre. Las 300 familias originales que se asentaron en la colonia de Austin se conocen como *Los primeros 300*.

Houston llegó a Texas en la década de 1830. En 1836 fue nombrado general de división del ejército *texian*. Houston lideró el ataque en San Jacinto. Allí fue donde Texas ganó la independencia al derrotar al ejército mexicano.

Houston sirvió como primer presidente de la República de Texas. Cuando Texas se unió a Estados Unidos, Houston sirvió como senador de EE. UU. Más tarde se convirtió en el gobernador de Texas.

Escritores revolucionarios
George Childress

George Childress

Muchos de los colonos de Texas llegaron a buscar una nueva vida. Este fue el caso de George Childress. Childress creció en Tennessee. Él era abogado y editor de un periódico.

En diciembre de 1834 Childress fue a Texas. Su tío, Sterling Robertson, estaba empezando una colonia cerca del río Brazos. A Childress le gustó lo que vio.

La Revolución de Texas ya había empezado cuando Childress se trasladó a la colonia de Robertson. En este momento el consejo general gobernaba Texas. En febrero, el consejo general convocó a una reunión. Cada **provincia** envió hombres a la misma. Se envió a Sterling Robertson y a George Childress para representar a su provincia, Viesca.

La reunión se inició el 1 de marzo de 1836 en Washington-on-the-Brazos. En el primer día de la reunión Childress presentó una **resolución** o declaración. Quería escribir una declaración de independencia. La resolución fue aprobada.

Childress escribió la declaración. Exponía por qué Texas quería independizarse de México. El papel de Childress en obtener la independencia de Texas fue como el papel que desempeñó Thomas Jefferson en la Revolución estadounidense.

estatua de George Childress sujetando la Declaración de Independencia de Texas

Declaración de Independencia de Texas

La colonia de Robertson

Cuando Sterling Robertson llegó a Texas la Ley del 6 de abril de 1830 acababa de ser aprobada. La ley impedía que los colonos estadounidenses llegaran a Texas. Robertson y sus colonos se asentaron en la colonia de Austin. En 1834 se le concedió a Robertson un nuevo contrato de tierras. Creó la colonia de Robertson. Después de la Revolución de Texas la colonia de Robertson fue dividida en 30 condados.

Declaración de Independencia

La Declaración de Independencia de Texas de George Childress alegaba que el gobierno mexicano había violado la Constitución mexicana de 1824. Decía que Texas tenía que separarse de México como manera de sobrevivir.

Lorenzo de Zavala

Lorenzo de Zavala vio suceder muchos cambios en su país natal, México. Cuando México se independizó de España, Zavala se convirtió en uno de los líderes del nuevo gobierno mexicano. Tuvo varios trabajos. Sirvió como senador, gobernador y secretario de la tesorería.

Zavala quería más **democracia** para México. Sin embargo, muchos no estaban de acuerdo con Zavala. Así que dejó el gobierno mexicano.

Zavala viajó a Nueva York en 1830. Allí intentó convencer a estadounidenses para que se mudaran a Texas. Zavala regresó a México en 1833.

Lorenzo de Zavala

Antonio López de Santa Anna era ahora el presidente de México. Él hizo a Zavala **ministro** para Francia. Pero a Zavala no le gustaba que Santa Anna fuera un **dictador**. Zavala abandonó Francia y regresó a Texas.

Decidió apoyar la revolución texana. Participó en la convención de 1836. Fue allí donde ayudó a redactar la **Constitución** de la República de Texas.

CONSTITUTION

OF

THE REPUBLIC OF TEXAS.

TO WHICH IS PREFIXED

THE DECLARATION OF INDEPENDENCE,

MADE IN CONVENTION, MARCH 2, 1836.

WASHINGTON:
PRINTED BY GALES AND SEATON.
1836.

la Constitución de
la República de Texas

La constitución de Texas

Los hombres que asistieron a la convención de 1836 redactaron la primera constitución de la República de Texas. Debido a su experiencia, Zavala estaba bien capacitado para ayudar a redactar la constitución. Los compañeros de Zavala lo respetaban y confiaban en sus ideas. ¡Incluso lo eligieron para ser el primer vicepresidente de la República de Texas!

El comisionado para la paz

Después de la Revolución de Texas, a Zavala le dieron otro trabajo importante. Fue un comisionado para la paz. Su trabajo era rescatar a Santa Anna y llevarlo de nuevo a la Ciudad de México. Santa Anna iba a convencer a los líderes mexicanos para que aceptaran la independencia de Texas.

Los defensores de El Álamo
William B. Travis

William B. Travis era abogado. También era editor de un periódico en Alabama. Travis se dirigió a Texas en 1831. Estableció una oficina de abogados, pero no tuvo mucho éxito.

Cuando estallaron los combates en Texas, Travis quiso ayudar. Llegó demasiado tarde para unirse a la lucha en Gonzáles. Así que Travis se unió a la **milicia**. Su trabajo era encontrar hombres para el ejército.

En enero de 1836 Travis fue enviado a San Antonio. Santa Anna y el ejército mexicano se dirigían a San Antonio para detener la rebelión de Texas. Pusieron a Travis a cargo de las tropas en El Álamo. Travis sabía que él y sus hombres serían superados en número, así que escribió cartas a Estados Unidos en busca de ayuda.

William B. Travis

El ejército mexicano atacó El Álamo el 6 de marzo de 1836. Subyugaron a Travis y a sus hombres en unas pocas horas. Casi todos los hombres murieron, pero su coraje inspiró a otros hombres a unirse a la lucha por la independencia.

Travis y sus
voluntarios en El Álamo

La carta de Travis

El 24 de febrero de 1836 William B. Travis estaba a cargo de las tropas de Texas en El Álamo. El ejército mexicano estaba a punto de atacar. Travis escribió una carta dirigida "a la gente de Texas" pidiendo su ayuda:

... nunca me rendiré o retiraré. Les pido en nombre de la libertad, del patriotismo y de todo lo que es valioso para el carácter estadounidense que vengan en nuestra ayuda con la mayor rapidez... Victoria o muerte.

Según la leyenda, Travis utilizó su espada para trazar una línea en la arena antes de la batalla de El Álamo. Se dice que les pidió a los texanos que cruzaran la línea si estaban dispuestos a morir con él. Pero los historiadores creen que esta historia es falsa.

la carta de Travis

James Bowie

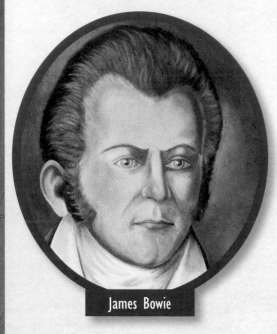

James Bowie

James Bowie era un joven inquieto. Le encantaba la aventura y el aire libre. Le gustaba cazar osos y montar caimanes. Estuvo implicado con frecuencia en tiroteos y **duelos**. También era conocido por ser un experto luchador con el cuchillo.

En 1830 Bowie fue a Texas en busca de aventura. También buscaba nuevas formas de hacer dinero. Se emparentó por matrimonio con una poderosa familia mexicana. En septiembre de 1835 Stephen F. Austin estaba formando un ejército. Bowie se unió a él.

la caída de El Álamo

cuchillo Bowie

Estuvo en muchas de las batallas de la Revolución de Texas. Lideró un grupo de soldados en la batalla de Concepción. Más tarde dirigió soldados en la batalla del pasto.

En febrero de 1836 Sam Houston envió a Bowie a El Álamo. Houston le dijo a Bowie que destruyera El Álamo. Pero Bowie decidió defenderlo. Durante el ataque, Bowie fue matado a tiros.

El cuchillo Bowie

El cuchillo de James Bowie se convirtió en parte de su leyenda. Se dice que era dueño de un gran cuchillo de carnicero. Bowie utilizaba este cuchillo para cazar y defenderse. Quienes veían a Bowie usando el cuchillo acudían a fabricantes de cuchillos para pedirles uno como el suyo. El cuchillo pasó a ser conocido como un *cuchillo Bowie*.

Carlos Espalier

Entre 189 y 257 defensores de El Álamo murieron durante la batalla. De este grupo, en realidad solo seis habían nacido en Texas. Uno de ellos era Carlos Espalier. Tenía 17 años cuando murió defendiendo El Álamo. Se dice que Bowie se hizo cargo de Espalier para enseñarle cómo ser un combatiente y líder fuerte.

David Crockett

David Crockett nació en Tennessee en 1786. Era muy trabajador y le encantaba la aventura. Luchó en la guerra contra los indígenas creek y en la guerra de 1812.

Crockett era un **colonizador**, cazador y **tirador**. Le gustaba contar historias sobre sus aventuras. Se publicaron muchas historias sobre Crockett.

El actor Fess Parker interpretó a David Crockett en televisión.

Crockett cuenta sus famosas historias a una multitud.

Crockett en El Álamo

Crockett murió afuera de El Álamo. Muchas personas se han preguntado por qué se le encontró afuera. Como la mayoría de la gente en El Álamo murió, no había nadie para decir qué le había pasado a Crockett. Algunos creen que sobrevivió al ataque, pero más tarde fue ejecutado por Santa Anna afuera de la fortaleza.

El último sobreviviente

Enrique Esparza, de siete años de edad, estaba en El Álamo durante el ataque. Vio a muchos texanos morir durante la batalla, incluyendo a su padre. A comienzos del siglo XX Esparza era el único sobreviviente de la batalla. Ayudó a contar la historia de El Álamo hasta su muerte en 1917. Dijo que nunca podría olvidar lo que pasó en El Álamo porque fue una escena horrible.

En 1827 Crockett fue elegido para la **Cámara de Representantes** de Estados Unidos. Pero en 1834 perdió su trabajo en el congreso. Crockett decidió ir a Texas. En una carta a un amigo, Crockett escribió que esperaba hacerse rico y ser un líder en Texas.

En enero de 1836 Crockett se unió a la lucha por la independencia. En febrero fue a El Álamo. Poco después de su llegada, Santa Anna atacó. Crockett luchó valientemente defendiendo El Álamo. Pero no sobrevivió a la batalla.

Las mujeres de la revolución
Susana Dickinson

Susana Dickinson llegó a Texas con su esposo en 1831. Los Dickinson se establecieron en la colonia de DeWitt, cerca de Gonzáles.

En octubre de 1835 la primera batalla de la Revolución de Texas tuvo lugar en Gonzáles. La gente cree que Susana se escondió en el bosque con su hija durante la batalla. Después de la batalla su esposo Almaron fue con Stephen F. Austin a defender San Antonio. En diciembre Susana y su hija, Angelina, se reunieron con Almaron en El Álamo.

Susana Dickinson

El Álamo

Texanos defienden El Álamo.

No combatientes de El Álamo

La batalla de El Álamo fue violenta y mortal. Todos los soldados texanos perdieron la vida. Santa Anna perdió alrededor de 600 soldados mexicanos. Había alrededor de 20 mujeres, niños y esclavos en El Álamo cuando tuvo lugar la batalla. Se les consideró "no-combatientes". Esto significa que no participaron en la batalla. Santa Anna los liberó cuando terminó la batalla.

Casi todos los texanos en El Álamo murieron en la batalla. Almaron también murió allí. Pero Susana y su hija sobrevivieron. Las llevaron a Santa Anna. Susana trató de convencerlo para que las dejara vivir a ella y a su hija. Santa Anna les dio dos dólares de plata y una manta. Las envió a Sam Houston con una carta advirtiéndole que dejara de luchar o moriría.

Texas era un lugar difícil para las mujeres solteras. Dickinson era joven y tenía una hija. No sabía leer ni escribir. Pero era una mujer fuerte que quería dar a su hija una buena vida. Más tarde volvió a casarse y se mudó a Austin. Vivió allí hasta su muerte en 1883.

Francita Alavez

Francita Alavez ayudó a muchos soldados durante la Revolución de Texas. No se sabe mucho acerca de ella. Algunos piensan que era la esposa de un oficial del ejército mexicano. Muchos dijeron que ayudó a los soldados enfermos y heridos. También dijeron que salvó muchas vidas.

Francita Alavez viajaba con el capitán Alavez del ejército mexicano. Dondequiera que iba, la gente contaba historias de sus amables hazañas. En la bahía de Copano vio prisioneros atados fuertemente con cuerdas. Les pidió a los soldados mexicanos que las aflojaran. Hicieron lo que ella les pidió.

estatua de Francita Alavez

El fuerte de Goliad, donde ocurrió la masacre de Goliad

El Ángel de Goliad

Nadie conoce el nombre real de Francita Alavez. La gente pensaba que ella era la esposa del capitán Alavez porque viajaba con él. Así que la llamaban Francita Alavez. Pero no era su esposa. La mayoría de las personas hoy en día la conocen como el Ángel de Goliad por sus amables acciones.

Los médicos en la Revolución de Texas

Muchos médicos estadounidenses llegaron a Texas para ayudar durante la revolución. Ellos vivieron y murieron al lado de aquellos que lucharon. A veces el ejército mexicano hacía prisioneros a los médicos para que pudieran ayudar a los soldados mexicanos.

Algunas historias dicen que Alavez estuvo en la masacre de Goliad. Dicen que ayudó a los prisioneros allí. También ayudó a los soldados en la batalla de San Jacinto.

Por sus amables actos, Francita Alavez fue una auténtica heroína de la Revolución de Texas.

Eligiendo bando
Plácido Benavides

Plácido Benavides era un **tejano** propietario de tierras. Un *tejano* es un texano de **origen** mexicano. También era **alcalde**, o funcionario de la ciudad. Benavides era un mexicano leal que no apoyaba la independencia de Texas. Pero Benavides creía que Santa Anna era su enemigo.

Benavides ayudó a defender a Texas contra el ejército mexicano. Después de la batalla de Gonzáles, ayudó a entrenar a los nuevos voluntarios que se unían a la lucha por la independencia. Benavides también luchó en el sitio de Bexar. Fue reconocido por su valentía y trabajo duro.

Fuerte del Alamo

a   Entrada
b   Habitaciones de Oficiales
c   Cuerpo de Guardia
d   Comandancia de Artillería
e   Cuartel de Artillería
f   Cuarteles
g   Parque
h   Foso interior
i   Caballero alto
j   Batería a barbeta
k   Batería atronada
l   Fosos exteriores

mapa de la zona de El Álamo en San Antonio basado en el mapa original en español del campo de batalla de Santa Anna

Santa Anna

El Paul Revere de Texas

Cuando Benavides se enteró del plan de Santa Anna para Goliad, cruzó Goliad y Victoria a caballo para advertir a la gente de que los mexicanos venían. Esto le valió el apodo de el Paul Revere de Texas. Revere advirtió a los patriotas que las tropas británicas venían durante la Revolución estadounidense.

¡Traidor!

Muchos tejanos, como Benavides, fueron considerados traidores por ambas partes del conflicto. Otros tejanos creían que Benavides no hizo todo lo que pudo para proteger los intereses de los tejanos en Texas. Él y su familia tuvieron que irse de Texas a Nueva Orleáns, donde murió en 1837.

En 1836 Benavides se enteró del plan de Santa Anna para atrapar a los texanos en Goliad y Bexar. Advirtió a Robert Morris, el oficial a cargo. La advertencia fue enviada a otros, que pudieron prepararse para el ataque de Santa Anna.

Benavides se sentía dividido entre México y Texas. Volvió a su rancho y trató de mantenerse al margen del conflicto.

Juan Seguín

una batalla durante la guerra Mexicano-americana

Juan Seguín

Como mexicano, Juan Seguín fue leal a su país. Pero como texano, quería la independencia de México. No le gustaba el duro gobierno de Santa Anna.

En 1835 Seguín dirigió un grupo de milicianos en la lucha contra Santa Anna. Fue nombrado capitán por su papel en la batalla de Gonzáles.

Seguín llevó a sus soldados a El Álamo. Pero lo enviaron en una misión. Se fue a **reclutar** más hombres para luchar por la independencia de Texas. Mientras Seguín estaba fuera el ejército mexicano atacó El Álamo.

Seguín no estaba contento con el comportamiento de los texanos después de la revolución. Se sentía como un extranjero, o un extraño, en su propio país. Así que Seguín se fue de Texas a México en 1842.

Tejano

Seguín dirigió el único regimiento tejano en la batalla de San Jacinto. La población de Texas siempre ha sido diversa. A lo largo del tiempo los indígenas americanos, los mexicanos y los **anglo-americanos** se han identificado como texanos.

La guerra Mexicano-americana

Seguín luchó por México en la guerra Mexicano-americana. Texas pasó a formar parte de Estados Unidos en 1845. En 1846 estalló la guerra entre Estados Unidos y México a lo largo de la frontera entre los dos países y el deseo estadounidense de reclamar más tierra mexicana. Cuando la guerra terminó en 1848 el río Grande fue reconocido como la frontera, y Estados Unidos obtuvo una gran cantidad de territorio.

Soldado profesional
James Fannin

James Fannin

James Fannin fue uno de los pocos texanos que tenían entrenamiento como soldados profesionales. Estudió en la academia militar de West Point, Nueva York.

En 1834 Fannin se trasladó a Velasco, Texas. Al igual que otros que llegaron a Texas, Fannin era propietario de una **plantación** y comerciante de esclavos. Fannin quería la independencia de México. Les pidió a oficiales de West Point que fueran a luchar a Texas. También le pidió a la gente que enviara dinero para la causa.

Fannin fue capitán de la guardia de Brazos en la batalla de Gonzáles. Junto con James Bowie, lideró las fuerzas en la batalla de Concepción.

estudiantes de la academia militar de West Point

West Point

La academia militar de Estados Unidos en West Point es un lugar donde hombres y mujeres pueden recibir educación universitaria y prepararse para servir en el ejército de los EE. UU. West Point se ha utilizado para entrenamiento militar desde la Revolución estadounidense.

Grandes errores

Fannin no fue un líder perfecto. Su formación militar profesional no encajaba bien con sus soldados voluntarios. A muchos de sus soldados no les gustaba Fannin. Antes de Goliad, Fannin incluso pidió que le reemplazaran como jefe de sus tropas. Pero a pesar de sus errores, Fannin luchó valientemente por la independencia de Texas.

Sam Houston hizo a Fannin comandante del ejército en Goliad. En Goliad, Fannin cometió varios errores grandes. El ejército mexicano rodeó a Fannin y a sus hombres. Los obligaron a **rendirse**. El 27 de marzo de 1835 Santa Anna ordenó el fusilamiento de Fannin y cerca de 350 hombres. La masacre de Goliad enojó a muchos estadounidenses.

batalla de San Jacinto

"¡Recuerden El Álamo!"
Sidney Sherman

Sidney Sherman aprendió a temprana edad a cuidar de sí mismo. Nació en Massachusetts en 1805. Se quedó huérfano a los 12 años. Sherman era inteligente y trabajador. En 1835 Sherman decidió mudarse a Texas. Antes de mudarse reclutó texanos para luchar por la independencia.

Cuando Sherman y sus hombres llegaron a Texas, Sam Houston lo hizo un líder del ejército. En la batalla de San Jacinto, Sherman dirigió el ataque el segundo día. Muchos creen que fue el primero en llamar a sus hombres con "¡Recuerden El Álamo!" Sherman esperaba que sus hombres pensaran en aquellos que habían perdido sus vidas en la lucha por la independencia de Texas. Creía que eso ayudaría a sus hombres a luchar valientemente en su honor.

Sherman fue uno de los muchos hombres y mujeres que dirigieron a Texas durante la revolución. Lucharon en batallas, cuidaron a los heridos y dieron sus vidas por la independencia de Texas. Sus historias siguen inspirando a los texanos.

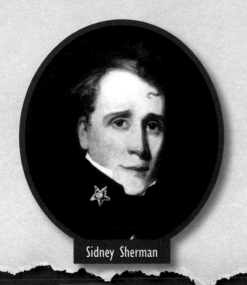

Sidney Sherman

Muchas tragedias

Sidney Sherman hizo frente a muchas tragedias en su vida. Su hogar y su oficina se incendiaron varias veces. En 1852 Sherman estaba en el barco de vapor *Farmer* cuando este explotó. Se aferró a un pedazo de los restos del barco hasta que fue rescatado. Y el hijo de Sherman murió en la batalla de Galveston durante la guerra de Secesión.

Recuerden El Álamo

Los hombres que lucharon en la Revolución de Texas utilizaron la batalla de El Álamo como grito de guerra. Cuando cargaban contra Santa Anna en la batalla de San Jacinto gritaron: "¡Recuerden El Álamo!".

Glosario

alcalde: el presidente del ayuntamiento o del tribunal de la ciudad

anglo-americanos: estadounidenses blancos de ascendencia europea

Cámara de Representantes: grupo de funcionarios electos que tienen el poder de hacer y aprobar leyes

colonización: el acto o proceso de formación de colonias

colonizador: persona que vive en la frontera

constitución: una declaración por escrito explicando las leyes básicas de un estado o país

democracia: la capacidad de la gente para tener voz y voto en el gobierno

dictador: persona que tiene el poder absoluto

duelos: luchas entre dos personas

empresario: persona que recibía tierra de parte del gobierno mexicano a cambio de que estableciera un asentamiento y reclutara gente para que viviera en él

milicia: grupo de ciudadanos soldados

ministro: representante del gobierno en un país extranjero

origen: la tradición y la cultura que se transmite al nacer

plantación: un tipo de granja grande que se encuentra en el sur de Estados Unidos

provincia: un distrito o región de un territorio

reclutar: seleccionar a alguien o conseguir sus servicios

rendirse: entregarse

resolución: expresión formal de una opinión

revolución: el acto de derrocar y remplazar a un gobierno con otro

tejano: un texano de origen mexicano

texians: gente que vivía en el Texas mexicano entre 1821 y 1836

tirador: experto en disparar un arma

Índice

Alavez, Francita, 20–21

Ángel de Goliad, El, 21

Austin, Moses, 7

Austin, Stephen F., 6–7, 9, 14, 18

batalla de Concepción, 15, 26

batalla de Gonzáles, 18, 22, 24, 26

batalla de San Jacinto, 7, 21, 25, 28–29

batalla del pasto, 15

Benavides, Plácido, 22–23

Bowie, James, 14–15, 26

Childress, George, 8–9

colonia de DeWitt, La 18

colonia de Robertson, La 8-9

Constitución de la República de Texas, 10–11

Crockett, David, 16–17

Declaración de Independencia de Texas, 8–9

Dickinson, Almaron, 18–19

Dickinson, Susana, 18–19

El Álamo, 5–6, 12–15, 17–19, 22, 25, 28–29

esclavitud, 4, 19, 26

Espalier, Carlos, 15

Esparza, Enrique, 17

Fannin, James, 26–27

guerra Mexicano-americana, 24–25

Houston, Sam, 6–7, 15, 19, 27, 29

Jefferson, Thomas, 8

Ley del 6 de abril de 1830, 9

Los primeros 300, 7

masacre de Goliad 21, 27

Revere, Paul, 23

Revolución estadounidense, 5, 8, 23, 27

Robertson, Sterling, 8–9

Santa Anna, Antonio López de, 10–12, 17, 19, 22–24, 27, 29

Seguín, Juan, 24–25

Sherman, Sidney, 28–29

sitio de Bexar, 22–23

Tejas, 4

Travis, William B., 12–13

Washington-on-the-Brazos, 8

Zavala, Lorenzo de, 10–11

¡Es tu turno!

Hubo muchos héroes en la Revolución de Texas. Algunos de ellos lucharon con valentía. Otros escribieron documentos importantes. Francita Alavez era diferente. No se sabe mucho acerca de ella, ¡ni siquiera su nombre real! Viajó con el ejército mexicano, pero ayudó a muchos soldados texanos. Cuidó a los heridos y se aseguró de que los prisioneros texanos fueran tratados con humanidad.

Canción para una leyenda

Escribe una canción acerca de la bondad legendaria de Francita Alavez. Ponle letra a una melodía que ya conozcas.